- Oberlid
- Oberlidbindehaut
- Pupille
- Regenbogenhaut
- Oberes + unteres Tränenröhrchen
- Tränendrüse
- Tränengänge
- Tränensack
- Tränen-nasengang
- Bindehaut
- Tränenflüssigkeit
- Unterlidbindehaut
- Unterlid

Frauke Angel
hat diese Geschichte geschrieben. Als Kind hat sie oft geweint, wenn sie sich ungerecht behandelt oder unverstanden fühlte. Heute weint sie meistens vor Freude. Zum letzten Mal, als dieses schöne Buch fertig wurde.
www.fraukeangel.de

Stephanie Brittnacher
hat die Bilder in diesem Buch illustriert. Dabei hat sie die Figuren, Häuser, Zwiebeln und Vorhänge einzeln auf ihrem iPad gezeichnet und als Collagen zusammengefügt. Heulen musste sie dabei fast nie. Sie behauptet sogar, dass sie nicht so nah am Wasser gebaut ist. Aber wenn sie traurig ist, dann weint sie doch. Außerdem beim Zwiebelschneiden und beim Lachen natürlich. Und Stephanie lacht wirklich gerne und oft.
www.stephaniebrittnacher.de

2021
© Verlagsanstalt Tyrolia, Innsbruck
Umschlagbild: Stephanie Brittnacher
Layout: Nele Steinborn
Schrift: Muller Narrow
Druck und Bindung: DZS-Grafik, Slowenien

ISBN 978-3-7022-3914-5
E-Mail: buchverlag@tyrolia.at
Internet: www.tyrolia-verlag.at
Facebook: Tyrolia Verlag Kinderbuch

Frauke Angel 👁 Stephanie Brittnacher

HEUL DOCH!

Vom Heulen, Plärren, Weinen und Flennen

Tyrolia-Verlag · Innsbruck–Wien

Mama mit ihrer Freundin Marion
meine Geschwister Adele und Adolfo
Papa
Onkel Arpad mit Steffi
Onkel Klaus mit Klaus
Oma Ute mit Opa Uwe
Oma Ostsee mit Opa Ostsee
Uroma
und ich.
Ich bin der, der in der Mitte sitzt und heult.
Opa Uwe brummt: »Ein Familienfoto ist doch kein Grund zum Heulen.«
Oma Ute lacht: »Einer heult doch immer!«
Und sie hat recht.
Bei uns wird wirklich viel geheult.

Fast alle Menschen tun es, und zwar auf der ganzen Welt: heulen, plärren, weinen, flennen … Im Laufe unseres Lebens vergießen wir bis zu 100 Liter Tränen. Das ist eine drittel Badewanne voll.

Es gibt drei verschiedene Arten von Tränen:
Die »basalen Tränen« werden stetig in kleinen Mengen produziert. Sie bilden den Tränenfilm, der unser Auge mit wichtigen Stoffen versorgt, es schützt und das Lid gut über den Augapfel gleiten lässt.
Werden unsere Augen jedoch gereizt, etwa durch ein Staubkorn, produzieren wir dünnflüssigere Tränen, um sie schnell wieder sauber zu spülen. Das sind die sogenannten »reflektorischen Tränen«.
Weinen wir allerdings wegen eines Gefühls, dann rollen uns die klebrigeren »emotionalen Tränen« über die Wangen.

Man kann aber auch heulen, weil man sich wehgetan hat.
Als ich Mama vorhin mit meinem Ball getroffen habe, hat sie geheult wie ein Schlosshund. Das tat mir wirklich leid und war echt keine Absicht!
Aber doch ein echter Schmerz.

Wenn jemand »wie ein Schlosshund heult«, dann weint er so heftig, dass es einem beim Zuhören fast das Herz zerreißt. Dabei kommt das Wort »heulen« gar nicht vom Hund, sondern vom sehr alten Begriff »huilen«, was »heulen wir eine Eule« bedeutet.

Aufgrund von Gefühlen weinen nur wir Menschen. Trotzdem können alle Tiere, die Augen haben, Tränen vergießen. So wie das Krokodil, das immer dann weint, wenn es frisst. Reißt es nämlich sein Maul auf, entsteht ein Druck auf der Tränendrüse und Tränen werden herausgepresst. Menschliche Tränen, die nur vorgespielt sind, werden aus diesem Grund »Krokodilstränen« genannt.

Es gibt noch einem anderen echten Schmerz, einen ganz ohne Beulen. Den nennt man Weltschmerz. Das ist ein Gefühl von schwerer Traurigkeit. Oma Ostsee bekommt es, wenn sie an die schlimmen Dinge denkt, die auf dieser Welt passieren und sich dabei so hilflos wie ein Wattwurm fühlt.

Warum wir Menschen bei starken Gefühlen weinen, wissen wir noch nicht genau. Vermutlich nutzen wir es als Signal, um anderen zu zeigen, dass es uns gerade nicht gutgeht und wir Trost oder Hilfe brauchen.
Unsere Mitmenschen haben dann oft Mitgefühl mit uns. Manchmal so stark, dass sie sogar mitweinen.

Opa Ostsee hat keinen Weltschmerz. Trotzdem heult er ab und zu. Denn Opa leidet mit an Omas Weltschmerz. Aber nicht, wenn die zwei bei uns sind. Dann hat Oma Ostsee keinen Weltschmerz und Opa Ostsee hat kein Mitleid. Bei uns heulen beide höchstens mal vor Mitglück.

Die allermeisten Menschen heulen, weil sie traurig sind. So wie Papa.
Der ist traurig, weil wir uns so selten sehen. Papa behauptet, Traurigkeit ist auch ein echter Schmerz. Nur, dass dabei nicht der Körper, sondern die Seele weh tut. Weil die Seele aber innen drin im Körper wohnt, sieht man ihr die Traurigkeit nicht an. Durchs Telefon kann ich Papas Tränen trotzdem hören.

Die Tränen werden von einer Drüse hinter dem oberen Augenlid gebildet. Mit jedem Lidschlag werden sie über dem Auge verteilt und rinnen dann im inneren Augenwinkel über Tränenröhrchen, Tränensack und Tränenkanal in die Nase ab. Fangen wir aber richtig an zu flennen, läuft der Kanal über und die Tränen kullern aus den Augen über die Wangen.
Auch in der Nase landet dann mehr, weshalb wir schniefen und uns schnäuzen müssen. Daher heulen wir »Rotz und Wasser«.

Überhaupt sieht man nicht alle Tränen, die da fließen. Onkel Arpad habe ich noch niemals weinen sehen. Doch Steffi sagt, er heult sehr wohl. Nur nicht, wenn andere dabei sind. Das ist Onkel Arpad peinlich.

Steffi meint, für sie ist das okay. Denn dafür heult sie garantiert für zwei. Wenn wir uns einen Film anschauen, dann weiß Steffi schon vorher: »Oje, gleich muss ich wieder heulen!« Und dann heult sie tatsächlich. Sogar, wenn der Film überhaupt nicht traurig ist!

Menschen, die schnell zu weinen anfangen, werden oft als Heulsusen bezeichnet. Wenn man das freundlicher ausdrücken will, sagt man, sie sind »nah am Wasser gebaut«.

Frauen weinen in der Regel häufiger als Männer, es ist aber noch nicht ganz klar, warum. Mädchen und Buben weinen nämlich bis zur Pubertät gleich viel.

Auf alle Fälle ist Weinen ein Teil der Kultur, der Umgang damit wird erlernt.

So galt Weinen vor gut 200 Jahren in Europa als angesehen. In den Büchern von damals sind sehr viele weinende Personen zu finden. Vor allem bei Männern war es richtig Mode, Gefühle zu zeigen. In manchen Ländern ist das heute noch so, während in anderen öffentliches Weinen und Wehklagen als peinlich gilt.

»Nun ja«, seufzt Marion verliebt, »man kann auch vor Glück heulen. Wenn ich daran denke, wie ich deine Mutter getroffen habe, dann kommen mir auf der Stelle heute noch die Tränen.«
Und auch das ist wahr.

»Ach meine Süße!«, haucht Mama, gibt Marion zwei Küsse und verzieht dabei den Mund. Denn die Tränen ihrer Süßen schmecken salzig.

Tränen bestehen hauptsächlich aus Wasser. Da es in unserem Körper aber keine Wasseradern gibt, die wir zum Weinen anzapfen können, verwendet die Tränendrüse dazu Salz. Das zieht Wasser aus den umliegenden Bereichen an. Wenn wir weinen, wird dieses Salz aus dem Auge gespült, deswegen sind Tränen leicht salzig.

Übrigens kann man tatsächlich auch vor Glück, Freude, Erleichterung, Stolz, Dankbarkeit oder Rührung heulen. Warum das so ist, weiß die Forschung ebenso wenig, wie warum wir aus Wut, Trauer oder Schmerzen weinen. Vermutlich zeigen auch Freudentränen unseren Mitmenschen, dass uns die Situation gerade überfordert und wir einen Moment Zeit, eine Umarmung oder einen Kuss brauchen, um uns wieder zu beruhigen.

Klaus und Klaus sind Schauspieler. Die müssen auf Knopfdruck heulen können. Onkel Klaus hat dafür einen Trick. Er denkt einfach an etwas Trauriges. Zum Beispiel, dass er als Kind zu Fasching jedes Jahr als Cowboy gehen musste, weil Opa Uwe ihm einmal eine teure Pistole gekauft hat. Und so eine Anschaffung muss sich schließlich lohnen! Dabei wäre Onkel Klaus so gerne auch mal als was anderes gegangen. Als was, will er uns aber nicht verraten.

Manche Menschen können sich in das Weinen künstlich hineinsteigern. Dazu müssen sie allerdings die passenden Gefühle wachrufen. Das kann sehr aufregend und anstrengend sein.

Der Klaus von Onkel Klaus hat einen anderen Trick. Weil er nicht so viel Trauriges in seinem Leben erlebt hat, nimmt er eine Zwiebel mit ins Theater. Die hält er sich so lange unter die Nase, bis seine Augen ganz gewaltig brennen und die Tränen freiwillig zum Löschen rauskommen.

»Du bist eben ein Genie!«, schwärmt Onkel Klaus und bekommt prompt feuchte Augen.

Wird eine Zwiebel aufgeschnitten, entweicht ein Gas, das die Augen reizt. Da unsere Augen sehr empfindlich und wichtig sind, werden sie gut geschützt. Bei einem solchen Reiz wird daher sofort mehr Tränenflüssigkeit produziert. Diese reflektorischen Tränen spülen alles weg, was nicht auf unsere Netzhaut gehört.

Am meisten plärren bei uns aber die Kleinen.
Adele und Adolfo heulen nämlich jeden Tag.
Sogar mehrmals.

Sie heulen, weil sie Hunger haben.
Sie heulen, weil sie Kacka haben.
Sie heulen, weil sie Zähne haben.
Sie heulen, wenn sie niemanden haben.

»Nun«, erklärt Marion, die ihre Mutter ist,
»Adele und Adolfo können eben noch nichts anderes.«
Aber heulen, das können sie schon richtig gut!

Sprechen lernen wir meistens um den zweiten Geburtstag herum. Davor müssen wir uns logischerweise anders verständlich machen. Da Babys ab der vierten Woche weinen können, tun sie das, wenn sie etwas von uns haben möchten. Das kann eine frische Windel, etwas zu essen oder auch Wärme und Geborgenheit sein. In den ersten zwei Lebensjahren weinen Babys daher ziemlich oft, im Schnitt 30 bis 120 Minuten am Tag.

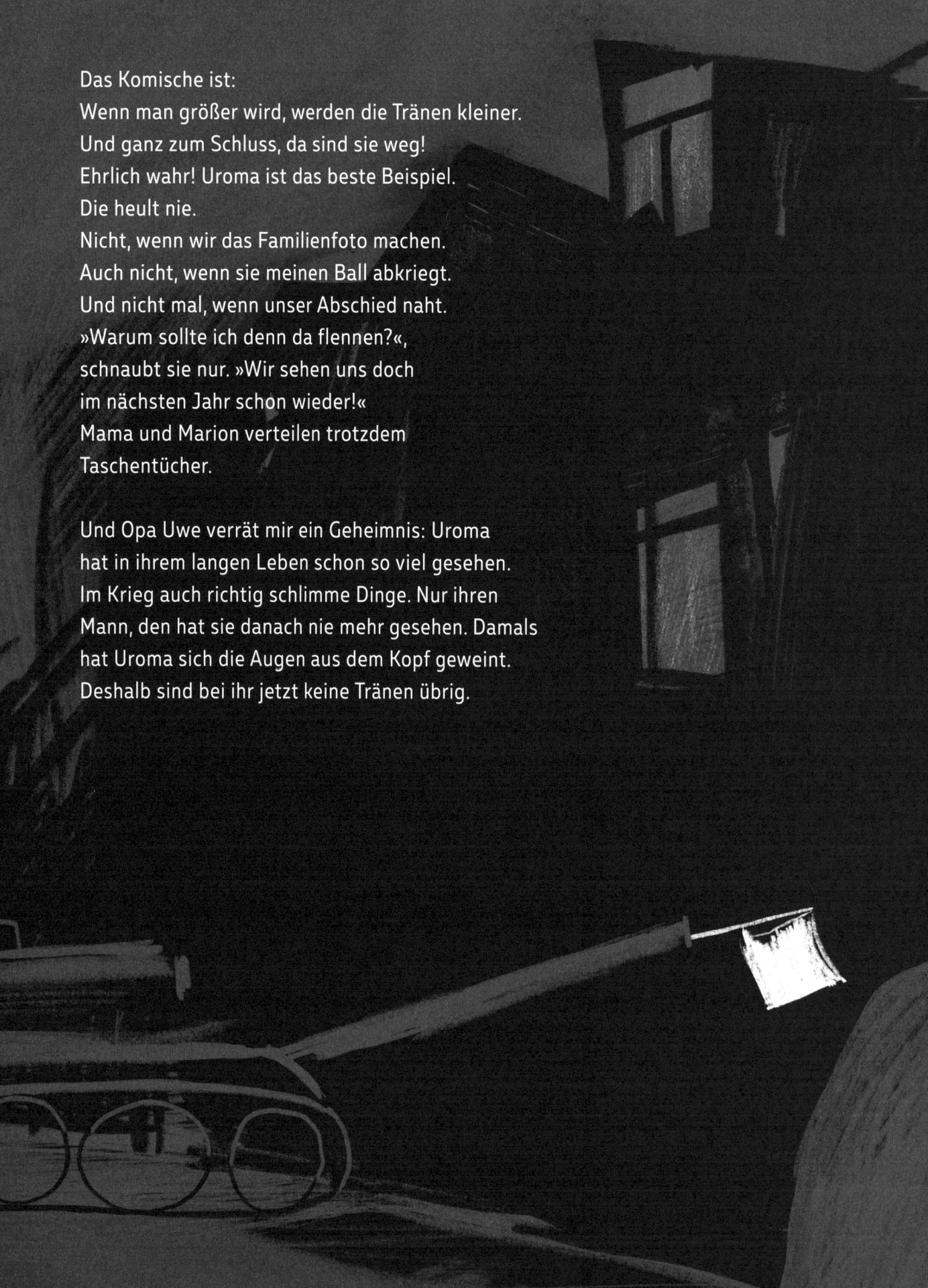

Das Komische ist:
Wenn man größer wird, werden die Tränen kleiner.
Und ganz zum Schluss, da sind sie weg!
Ehrlich wahr! Uroma ist das beste Beispiel.
Die heult nie.
Nicht, wenn wir das Familienfoto machen.
Auch nicht, wenn sie meinen Ball abkriegt.
Und nicht mal, wenn unser Abschied naht.
»Warum sollte ich denn da flennen?«,
schnaubt sie nur. »Wir sehen uns doch
im nächsten Jahr schon wieder!«
Mama und Marion verteilen trotzdem
Taschentücher.

Und Opa Uwe verrät mir ein Geheimnis: Uroma
hat in ihrem langen Leben schon so viel gesehen.
Im Krieg auch richtig schlimme Dinge. Nur ihren
Mann, den hat sie danach nie mehr gesehen. Damals
hat Uroma sich die Augen aus dem Kopf geweint.
Deshalb sind bei ihr jetzt keine Tränen übrig.

Wie oft, wie heftig und aus welchem Grund jemand weint, ist sehr unterschiedlich. Herausgefunden hat man mittlerweile: Menschen in kälteren Ländern heulen öfter als jene in wärmeren und in wohlhabenderen Ländern wird grundsätzlich mehr geweint als in ärmeren. Doch in allen Ländern gilt: Menschen weinen abends häufiger als untertags und lieber zu Hause als in der Öffentlichkeit.

Natürlich gibt es überall auf der Welt auch Menschen, die gar nicht weinen. Oder nicht mehr.

Dabei ist Heulen doch so schön!
Auch wenn man danach nicht grade schön aussieht.
Zum Glück haben wir das Familienfoto schon gemacht.
Denn Mama kriegt vom Heulen mächtig dicke Augen.
Marion eine rote Nase. Papa wird ganz blass.
Onkel Arpads Augen kann ich nicht sehen.
Dafür sieht Steffi richtig gruslig aus. Oma Utes Augen sind nach dem Heulen gelb mit rot. Das ist bei alten Leuten aber normal.
Oma Ostsee und Opa Ostsee sehen glücklich aus, wenn sie bei uns und nicht an der Ostsee geheult haben.
Adele und Adolfo sind beim Heulen eingeschlafen.
Uroma sieht aus wie immer. Logisch.
Klaus und Klaus sehen noch am schönsten aus.
Das ist bei Schauspielern so.
Die achten immer auf ihr Aussehen.

Und ich? Ich kann mich natürlich selbst nicht sehen. Aber fühlen kann ich mich!
»Wenn ich mich bei euch ausgeheult habe, dann sind meine Augen schwer. Doch mein Herz ist so leicht wie ein Taschentuch im Wind«, sage ich zum Abschied.

Opa Uwe brummt. Aber in seinem Augenwinkel blitzt eine winzig kleine Träne.
»Siehst du«, flüstert Oma Ute mir ins Ohr, »einer heult doch immer!«

Manche meinen, dass es ihnen gut tue, den Tränen freien Lauf zu lassen. Weinen ist für den Körper jedoch sehr anstrengend: Unser Herz schlägt schneller, die Nase verstopft, die Augenlider schwellen an und manchmal spüren wir sogar einen dicken Kloß im Hals. Nach einem heftigen Heulkrampf sind wir ziemlich erschöpft. Diese Müdigkeit empfinden einige Menschen als angenehm. Andere nicht.